DE L'ORIGINE

DES TRADITIONS NATIONALES

DANS LA POLITIQUE EXTÉRIEURE AVANT LA RÉVOLUTION FRANÇAISE.

EXTRAIT DU COMPTE-RENDU

De l'Académie des sciences morales et politiques

(INSTITUT DE FRANCE)

PAR M. CH. VERGÉ,

Sous la direction de M. le Secrétaire perpétuel de l'Académie.

DE L'ORIGINE

DES

TRADITIONS NATIONALES

DANS

LA POLITIQUE EXTÉRIEURE AVANT LA RÉVOLUTION FRANÇAISE

Par ALBERT SOREL.

PARIS

ALPHONSE PICARD, ÉDITEUR

LIBRAIRE DES ARCHIVES NATIONALES ET DE LA SOCIÉTÉ
DE L'ÉCOLE DES CHARTES.
rue Bonaparte, 82.

1882

DES TRADITIONS NATIONALES

En étudiant l'histoire des négociations de l'an III, on est frappé de la promptitude et de la facilité avec lesquelles les hommes qui dirigeaient alors la diplomatie, s'assimilèrent la politique de l'ancien régime et en adaptèrent les propositions aux principes du régime nouveau. Merlin, de Douai, Rewbell, Cambacérès, Sieyès, Treilhard, Boissy d'Anglas, qui suivirent particulièrement les relations extérieures, n'y avaient été nullement préparés par leur carrière ou par leurs études. Il n'y avait plus de département des affaires étrangères. Le Comité essaya d'en reconstituer un. Il trouva, au dehors, dans Barthélemy, le plus expert des conseillers, le plus sage des négociateurs. Mais les collaborateurs ne lui furent précieux que parce qu'il sut les écouter. C'est là précisément le point intéressant. La tradition agit par l'instinct et non par la réflexion ; elle s'insinue insensiblement dans les esprits, elle ne s'apprend point par une leçon, par un effort subit de la volonté et une étude de quelques semaines. Ce ne furent point les commis et les agents qui donnèrent l'instinct de la tradition aux diplomates du Comité, ce fut au contraire l'instinct de la tradition qui leur suggéra l'idée d'employer les commis et les agents.

On en a la preuve dans le rapport par lequel le Comité motiva la constitution de ses bureaux diplomatiques. Il est de la fin de l'an II. On y lit ces phrases : « Depuis Henri IV jusqu'au Régent, les rois ou les premiers ministres diri-

geaient, lisaient et signaient de leur propre main les dé-
pêches. Le ministre n'était qu'un scribe, un secrétaire
d'État des volontés du maître. Ce maître était l'héritier de
quelques principes, de quelques axiomes, bases des vues
ambitieuses de la maison de Bourbon au préjudice des maisons rivales. Nos tyrans ne s'écartèrent jamais de ces axiomes, et, forts de l'industrie nationale, ils parvinrent à donner à la France, les degrés d'étendue qui en ont fait la
puissance la plus terrible au dehors (1). »

C'est ainsi que le Comité entend l'organisation de la diplomatie ; c'est ainsi qu'il prétend la diriger, et ces pensées
sont arrêtées dans l'esprit de ses membres avant même qu'il
ait des diplomates et qu'il ait commencé à négocier. Il y
avait donc une tradition répandue parmi tous les français
instruits et que ces hommes avaient respirée en quelque
sorte avec l'air de la France. C'est l'origine de cette tradition, de « ces quelques principes de famille, de ces quelques
axiomes » fondamentaux que je me suis proposé de retrou-
ver. J'ai essayé de résoudre ce curieux problème d'héré-
dité historique, ce singulier rappel de race qui fait tout à
coup des négociateurs improvisés de l'an III les imitateurs
et les continuateurs violents, mais convaincus, de la politique de Henri IV et de Sully, de Louis XIII et de Richelieu,
de Louis XIV et de Louvois (2).

I

La politique des Capétiens, considérée dans sa suite et
dans sa tradition, a eu deux objets principaux : à l'intérieur, former une nation homogène et un état cohérent, à
l'extérieur, assurer par de bonnes frontières l'indépen-

______

(1) Masson : *Le département des affaires étrangères pendant la Révolution*, p. 327.

(2) Voir pour la suite des acquisitions et l'exécution du dessein,
Th. Lavallée : *Les frontières de la France*.

dance de la nation et la puissance de l'État. Les rois qui avaient répondu aux aspirations nationales en fondant l'État, y répondaient également en fondant la grandeur de la France en Europe. L'œuvre accomplie au dehors est identique à l'œuvre accomplie au dedans : elle en est la conséquence et le complément. Elle s'élève sur le même fond, elle est construite avec les mêmes éléments. Les Capétiens trouvent la France restreinte et morcelée. Ce sont les traditions communes et les aspirations identiques des populations divisées par le régime féodal, qui permettent aux rois de rassembler la nation malgré le régime qui la divise, de concentrer le pouvoir malgré le système qui l'éparpille, de constituer l'État malgré les principes qui tendent à le dissoudre. Le phénomène qui s'accomplit en deçà de l'étroite frontière de la monarchie, se continue au delà. Les rois y trouvent des populations que leurs origines et leurs traditions rattachent à celles qu'ils gouvernent. Ce sont les populations de l'ancienne Gaule réunies de nouveau et groupées par Charlemagne. Elles ont puisé la civilisation aux mêmes sources, reçu les mêmes empreintes, gardé les mêmes souvenirs. De là, malgré les conflits de limites, les inimitiés de voisinages, les luttes des chefs, un fond commun sur lequel la politique des rois peut opérer et s'étendre.

Dans son objet comme dans ses procédés, cette politique résulte de la nature des choses. Arrêtée par l'Océan, les Pyrénées, la Méditerranée, les Alpes, la royauté française ne pouvait s'étendre que vers l'est et vers le nord, dans les Flandres et les pays qui formaient, lors de l'avènement des Capétiens, les royaumes de Lorraine et de Bourgogne. Elle y tendit naturellement. La nécessité l'y poussait. De là et dès que la monarchie française fut constituée, un inévitable conflit avec l'Allemagne pour la possession de ces territoires intermédiaires, sur lesquels les deux États prétendaient également. Guerres atroces pour les conquérir, guerres acharnées pour les conserver, cette lutte remplit l'histoire de l'Europe depuis le XVe siècle. Elle revêt suivant l'esprit des temps des formes diverses. Des prétextes différents sont allégués pour soutenir les prétentions ; les théories invoquées se modifient avec les systèmes du droit public ; mais si les moyens changent, le but demeure le même. Cette persistance d'une même pensée, cette constance dans la poursuite d'un même dessein à travers tant de révolutions dans les idées et dans les choses, ne s'expliquent que par ce concours singulier de circonstances qui fait naître et qui soutient les grandes traditions des peuples et des États. Ce sont ces rapports mystérieux qui se posent à l'origine des nations et dont se dégagent ensuite les lois de leur histoire. Ils apparaissent ici dès les premiers âges de la France.

Cette politique avait été dessinée par la géographie : l'instinct national la suggéra avant que la raison d'État la conseillât. Elle se fonde sur un fait : l'empire de Charlemagne. Le point de départ de ce grand procès qui occupe toute l'histoire de France, c'est l'insoluble litige de la succession de l'empereur. C'est là que les rois trouveront le motif de leurs ambitions, c'est là que les légistes trouveront l'origine des droits, c'est là que tout d'abord trouve sa source la tradition populaire qui conduira les rois à élever les prétentions et les légistes à rechercher les droits. Dès que la royauté se dégage des ténèbres, les historiens et les poètes rappellent aux rois la grandeur disparue de leurs prédécesseurs. Au commencement du XIe siècle, Adalbéron, dans un poème adressé à Robert, célèbre la puissance des rois de France « les premiers dans l'ordre des rois. » « Du temps de nos pères, le royaume des français a subjugué les rois des autres États (1). » Toutes les autres couronnes leur ont été soumises et abandonnées. Ils ont eu la suprématie et l'empire ; c'est un chroniqueur du même

---

(1) *Adalberoni carmen.* Trad. Guizot.

temps, Glaber qui le constate : « Les rois de France, les plus forts et les plus puissants de la chrétienté, se distinguaient par leur justice... et l'empire soumis à leur puissance servit pendant longtemps à décorer leur triomphe (1). » A mesure que le temps s'éloigne, l'image du grand empereur s'élève et prend des proportions colossales. De Philippe-Auguste à Napoléon, elle plane sur l'histoire de France. C'est dans la geste de l'empereur qu'il faut rechercher la première origine d'une tradition politique qui, par un étrange retour des choses, devait au xixe siècle aboutir à réaliser, devant l'Europe consternée, ce prodige d'empire occidental que les poètes du xiie siècle proposaient comme une légende merveilleuse aux imaginations populaires :

Quand Dex eslut nonante et dix royaumes
Tot le meillor torna en doce France.
Li miudre reis ot à nom Charlemaine :
Cil alevo volentiers doce France.
Dex ne fist terre qui envers lui n'apende :
Et ala prendre Baviere et Alemaigne
Et Normandie et Anjou et Bretaigne
Et Lombardie et Navarre et Tosquane
Rois qui de France porte coronne d'or
Preudons doit estre et vaillant de son cors ;
Et s'il est nom que li face nul tort,
Ne doit garis ne a plains ne à bas
Deci qu'il l'ait ou recreant ou mort ;
S'ainsi nel fet dont perd France son los,
Ce dist l'estoire, coronez est à tort (2).

Lorsque Dieu divisa la terre en cent royaumes
En douce France il plaça le meilleur
Le meilleur roi eut pour nom Charlemagne
Celui-là aima fort la grandeur de douce France,

(1) *De divina quaternitate*. Trad. Guizot.
(2) Couronnement Loys. Cité par M. Gaston Paris. *Charlemagne*, p. 352.

Dieu n'a point fait de terre qui ne dépende de lui :
Il alla prendre Bavière et Allemagne,
Et Normandie et Anjou et Bretagne,
Et Lombardie, et Navarre et Toscane
... Roi qui porte la couronne d'or de France
Doit être prud'homme et vaillant de sa personne,
Et s'il est homme qui lui fasse tort,
Il ne doit échapper à la vengeance ni en bois ni en plaine ;
Et le roi se doit s'arrêter qu'il ne soit mort ou demande grâce.
S'il ne fait ainsi, la France perd son honneur,
Et l'histoire le dit, il est couronné à tort.

Mais au temps où la geste célèbre ces splendeurs passées, la France est bien déchue. L'Anglais occupe une partie du royaume. Il l'en faut d'abord chasser. C'est le conseil que donne maître Wace (1), l'auteur du roman de Rou :

Se li Franceis poeient lur pensez achever
Ja li reis d'Engleterre n'avreit rien deça mer
A hunte l'en fereient, s'il poeient, passer.

Cette nécessité primordiale n'empêchait point Philippe Auguste de pousser plus loin ses rêveries. Il avait à peine vingt ans, un de ses barons le voyant distrait l'interrogea sur l'objet de ses pensées. « Je pense à une chose, répondit-il, c'est à savoir si Dieu accordera à moi ou à l'un de mes hoirs, la grâce d'élever la France à la hauteur où elle était du temps de Charlemagne (2). »

Ce qui n'était que songe et velléité chez Philippe Auguste devint, un siècle après, dessein et volonté chez Philippe le Bel. L'agrandissement du royaume était chez ce prince l'objet d'une préoccupation constante. Les historiens nous le peignent « toujours poursuivi par le souvenir de Charlemagne dont il se prétendait l'héritier, toujours attentif à

(1) Chronique ascendante.
(2) Guizot, *Histoire de France*, I, p. 459.

étendre l'influence de la France en Allemagne, à gagner les villes et à pensionner les princes des bords du Rhin (1). » C'est un règne capital pour l'histoire de France au dehors aussi bien qu'au dedans. La politique s'y dégage des tâtonnements : elle se pose dans sa réalité et dans son réalisme telle qu'elle demeurera sous tous les princes ambitieux, avec son but : la conquête, son moyen : la procédure et son instrument : les légistes. Ainsi, en même temps que le grand dessein des rois se détermine, on voit paraître la race d'hommes qui, avec les gens d'église et plus qu'eux encore, formera l'école où se recruteront les négociateurs et les procéduriers, les faiseurs de plans et les fournisseurs de prétextes. Ils surgissent tout prêts et tout armés. Ils sortent de leurs prétoires provinciaux et se montrent tout à coup sur la grande scène politique. Ils proposent, ils négocient, ils connaissent l'Europe et ses princes, mieux encore la France et leur maître. Ils sont le témoignage vivant de la tradition qui s'est formée dans le peuple, car sans cette tradition ils seraient inexplicables. Tel, par exemple, le principal d'entre eux et le premier en date de la lignée, Pierre du Bois. Né en Normandie, il avait étudié le droit à Paris et il était en l'an 1300, avocat des causes royales à Coutances (2). C'est de là qu'il adressa au roi Philippe le Bel son *Traité de l'abrégement des guerres et des procès*. « Cet ouvrage, dit son savant biographe, témoigne d'une connaissance étendue des affaires politiques de l'Europe et des secrets de la maison de France. » Familier avec le digeste qu'il cite constamment, du Bois était surtout « nourri des poésies populaires de la geste carlovingienne auxquelles il

(1) *Histoire littéraire de la France*, t. XXVI. *Pierre du Bois, légiste,* par M. Renan. Conf. Boutaric : *La France sous Philippe le Bel.*

(2) *Histoire littéraire de la France*, tome XXVI. — Voir aussi le mémoire de M. N. Wailly : *Mémoires de l'Académie des Inscriptions,* tome XVIII.

attribuait une pleine valeur historique. » Il allègue comme
le plus bel exemple et la raison dernière des rois, Charlemagne, qui régna, dit-on, cent vingt-cinq ans et « qui n'eut
point d'égal (1). » La légende et le digeste sont les deux
sources de ses idées ; la légende lui suggère les desseins qui
sont souvent démesurés et chimériques, le digeste lui
fournit les prétextes et les formes qui sont souvent spécieux
et subtils, mais toujours insidieux et pratiques. La pensée
dominante, au dehors comme au dedans, c'est d'étendre le
pouvoir royal. Il poursuit avec passion la grandeur de la
France en Europe. Le bruit court que le roi vient d'acquérir « le souverain domaine d'Arles, des terres situées en
deça du Rhin (*Citra rivum coloniensem*) et de la Lombardie
depuis la mer du midi jusqu'à celle du nord. » Du Bois l'en
félicite (2), mais cela ne suffit point à ses ambitions patriotiques. Il rêve pour son maître la couronne impériale qui
« a été transférée des Grecs aux Allemands en la personne
de Charlemagne. » Philippe doit la rendre héréditaire en
sa personne. Les électeurs d'empire recevront en échange
de la dignité qu'ils perdront des territoires et de l'argent
que l'on prendra dans le domaine des églises d'Allemagne (3).
On voit que le système des sécularisations qui parut si expé-
dient aux négociateurs des traités de Westphalie et que les
légistes diplomates de la Révolution avaient si fort à cœur,
n'est point une invention moderne : le procédé par lequel
on se propose de compenser les conquêtes en Allemagne
est presque aussi ancien que l'idée même de ces conquêtes.
Du Bois ne s'en tient pas là. Avec la couronne de Charlemagne c'est l'empire du monde, la monarchie universelle,
qu'il voudrait voir décerner aux rois de France. Philippe
établira partout, jusqu'à Constantinople, des fils, des frères,

(1) *De recuperatione Terræ Sanctæ,* (Histoire litt., *id.*)
(2) Traité de l'abrégement. Texte cité par de Wailly.
(3) *Pro facto Terræ Sanctæ*. Hist. litt., *id.*

des neveux et des cousins. Il sera le suzerain général de
l'ancien monde et du nouveau. Il aura le pape en sa dé-
pendance, il se fera attribuer le patrimoine de l'Église, le
pape décidera en sa faveur les cas douteux et excommuniera
les princes récalcitrants. En échange, le roi lui fournira de
riches dotations et délivrera la terre sainte du joug des in-
fidèles. Mais pour que le roi accomplisse cette grande entreprise, il lui faut le concours de l'Europe. L'Europe ne le
donnera que si les princes sont assurés de n'être point rap-
pelés de l'Orient par des attaques de leurs voisins. Il importe donc que la paix règne pour toujours entre les princes
chrétiens. Le seul moyen de l'y établir c'est que le pape la
commande et que le roi de France la fasse respecter. La
paix perpétuelle et la croisade sont les prétextes dont se co-
lore ce vaste plan de domination. S'il parvient à l'exécuter,
le roi se contentera de placer un de ses frères sur le trône
de l'Allemagne et de garder pour lui « toutes les terres en
déça du Rhin, avec le domaine direct de la suzeraineté des
comtés de Provence et de Savoie (1). »

Il y avait en ces plans une grande part de chimère ; mais
en cela même le légiste ne faisait que donner une forme spé-
cieuse aux idées qui agitaient alors les esprits. Ces idées
sont partout et l'incohérence même des témoignages dans
lesquels on les rencontre prouve à quel point elles étaient
répandues.

Les gens de Valenciennes réclament en 1291 la protection
du roi : ils se prétendent français, invoquent leurs titres,
produisent des chartes et rappellent à Philippe que plusieurs de ses prédécesseurs ont été empereurs (2). Nul trait
n'est plus caractéristique que l'histoire de ce prétendu traité
de Vaucouleurs que Philippe aurait signé en 1299 avec Albert

(1) *De recuperatione Terræ Sanctæ,* Hist. litt., *id.* et tome XVII,
p. 737, notes.
(2) Boutaric, p. 386.

d'Autriche. « Il fut, dit-on, convenu, rapporte Guillaume de Nongis (1), du consentement du roi Albert et des barons et prélats du royaume d'Allemagne, que le royaume de France qui, de ce côté ne s'étendait que jusqu'à la Meuse, porterait jusqu'au Rhin les limites de sa domination. » Les autres chroniqueurs rapportent également le fait et en font honneur au roi (2). Il y a tout lieu de croire cependant que le traité est apocryphe (3), ce n'en fut pas moins un des titres de gloire de Philippe le Bel. Deux cents ans après un avocat le citait dans une plaidoierie au parlement (4). C'était une œuvre populaire, et la réputation qui en rejaillit sur Philippe affermit la grande idée que ses sujets se faisaient de sa puissance. On lit dans un *Éloge de Paris* écrit en 1323 (5) : « Le gouvernement monarchique de tout l'univers appartient aux très-illustres et souverains rois de France, du moins par le droit d'une impulsion native vers ce qui est mieux (*ex nativæ promitatis ad melius jure*). »

Ce droit est noble en son principe, mais dans la pratique il se prête à toutes les interprétations. Il n'est point de prétention qui ne s'en puisse étayer. Ne méconnaissons point cependant ce qu'il y a de généreux et de naïf dans les entraînements patriotiques de ces vieux français. Pour eux le bonheur du monde est lié à la grandeur de la France. Ils n'en doutent pas ; à leurs yeux personne n'en peut douter. Mais plus la fin leur paraît juste, plus les moyens leur deviennent indifférents. Tous leur semblent légitimes pour atteindre un si grand objet. Tous les arguments leur sont bons pour soutenir leur thèse. Ils allèguent tous les textes

(1) Chroniques,, année 1299.
(2) Gilb. de Franchetto, *Historiens de France*, tome XXI.
(3) Boutaric, *loc, cit.*
(4) Boutaric, *id.*
(5) *Tractatus de laudibus Parisiis,* par Jean de Jandun. Histoire générale de Paris. *Paris et ses historiens au* XIVe *et au* XVe *siècles,* par M. Leroux de Lincy.

que leur fournit la confuse érudition du temps pour justifier toutes les mesures que leur suggèrent les mœurs bru-
tales du siècle. Ils mettent une science sans critique au
service d'une politique sans scrupules. Ils confondent le
roi et l'État; pour le service du roi et pour l'intérêt de
l'État, toute ruse est permise, toute violence est licite. Les
contradictions ne les arrêtent jamais. « Aux yeux de du Bois,
le pape ne pouvait rien quand il était italien, ennemi de la
France ; il peut tout depuis qu'il est un français, une créa-
ture du roi (1). » Ils opposeront ainsi aux étrangers comme
un argument sans réplique les bulles dont ils refusent
pour eux-mêmes de tenir aucun compte. Il en sera de même
des principes du droit romain. *Si veut le roi si veut la loi :*
cette maxime est le fond de leur jurisprudence, de leur
politique et de leur philosophie. Agents habiles et conseillers dangereux, la puissance royale les fascine et ils cher-
chent à en éblouir leurs maîtres. Écoutons Pierre du Bois
s'adressant à Philippe le Bel (2) : « Vous possédez un trésor
inépuisable d'hommes qui suffiraient à toutes les guerres
qui peuvent se présenter. Oui, si V. M. connaissait les
forces de son peuple, elle aborderait sans hésitation les
vastes entreprises que je viens d'indiquer... pourvu toutefois qu'elle fût guidée par des intentions droites, c'est-à-
dire par le désir du bien général. »

Voilà les systèmes et voilà les caractères dans leur
forme originale et primitive. Il ne reste plus qu'à suivre la
série des idées et la lignée des hommes. Les conseillers de
Philippe le Bel sont les premiers de la race, mais ils vont
faire souche et nous retrouverons à travers toute l'histoire
les affinités qui relient entre eux les membres de cette
étrange et puissante tribu, gens de chicane et de bataille
qui justifient si bien le titre bizarre qu'ils se sont décerné

(1) Hist. litt., *id*.
(2) *Traité de l'abrégement*, de Wailly, *loc. cit.*

de *chevaliers ès-lois*. Louvois n'est que le plus illustre des représentants de cette famille qui compte les du Bois et les Nogaret parmi ses ancêtres. Il faudra se rappeler ce Pierre Flotte qui combattit et mourut « comme un chevalier » à la bataille de Courtrai (1) pour s'expliquer par quelle filiation singulière un avocat de Thionville devint, en 1794, le promoteur et l'agent passionné de la guerre de conquête.

Les légistes de Philippe le Bel devançaient les temps. Ses faibles successeurs n'eurent point à prétendre sur les territoires étrangers. Ils eurent à revendiquer leurs droits à la couronne de France et à reconquérir sur les Anglais leur propre royaume. Cette grande tâche suffit à occuper du XIVe au XVe siècle les chevaliers ès-lois. Cependant la tradition se soutenait; les poètes l'entretenaient. L'un d'eux animait Philippe de Valois à la guerre contre les Anglais et lui adressait ces vers (2) :

> Fais leur tantost apercevoir
> Que Gascoingne est de toy tenue
> Et te fais seigneur droit clamer
> De tout ce qui est deçà mer
> Soit la mer borne et dessevrance
> De l'Engleterre et de la France...
> Flandre aussi deçà soit vaste.

A peine le royaume est-il délivré des Anglais, à peine la France commence-t-elle à respirer que les ambitieux convient de nouveau le roi à tenter les aventures. On rappelle que ces territoires de l'est, ces pays de Bourgogne et de Lorraine qui semblent s'offrir et s'ouvrir d'eux-mêmes à la conquête française ont autrefois relevé de la couronne, qu'il est légitime de les revendiquer et juste de les reprendre. En 1434, Guillebert de Metz célébrant l'excellence du royaume

---

(1) Michelet, *Histoire de France*, III p. 39.
(2) Jubinal : *Nouveau recueil de contes.* I, p. 73.

de France écrivait (1) : « Je ne parle mie de tous les roys de France et de leurs colateraux qui estoient roys d'Austrasie, dont le premier siege estoit à Més en Lorraine, qui estoit appelee es croniques l'ancienne France. » Il évoque les hauts faits de Charlemagne et en résumant ses conquêtes, il trace tout le programme de celles de ses successeurs : « Liége, Flandres, Haynau, Brabant, Guerles, Juliers, la hautte et la basse Bourgoingne, Provence, Savoie, Lorraine, Luchembourc, de Més, de Thoul, de Verdun, de Treves, de Couloingne, de Maience de Strasbourc. » Voici, du même temps et sur le même objet un témoignage plus brillant. C'est le *Débat des hérauts d'armes* de *France et d'Angleterre* (2). Le héraut de France veut établir la supériorité de la vaillance française sur l'anglaise. C'est encore Charlemagne qu'il propose en modèle des guerriers français. « Charlemaigne filz de Pepin, qui fu si noble roy et fist de si grans vaillances, et par especial sur les Sarrazins, et qui mist toutes les Espaignes à la foy catholique et conquist tant de seigneuries, tant en Almaigne que es Lombardies... Et puis le dit Charlemaigne fut empereur, et vous mesmes d'Angleterre fustes en son obéissance. » Aventures merveilleuses, expéditions épiques, conquêtes des empires, voilà les grandes et nobles guerres, les « guerres de magnificence » comme les qualifie si bien l'auteur du débat. Quant aux autres, les guerres de frontières, ce sont « guerres communes, » et il ne vaut point, selon lui, la peine d'en parler.

Les rois et leurs conseillers jugent cependant qu'il vaut la peine de les entreprendre. Ils laissent aux poëtes et

(1) *La description de la ville de Paris et de l'excellence du royaume de France.* Historiens de la ville de Paris, *loc. cit.*

(2) Rédigé entre 1453 et 1461. Publié par MM. Pannier et Paul Meyer dans les volumes de la Société des anciens textes de France. Paris, 1877.

2

aux auteurs de romans de chevalerie les grands rêves et les exploits légendaires de Charlemagne. Ils s'en tiennent à la partie de l'héritage qui se trouve sous leurs mains, et à peine ont-ils les mains libres qu'ils les étendent de ce côté. Le roi a réuni les soldats, les légistes ont compulsé les textes : le procès diplomatique et l'exécution militaire peuvent commencer.

L'Allemagne, ou plutôt comme on disait si justement alors « les Allemagnes » présentèrent l'occasion et offrirent le prétexte. Le Saint Empire était profondément divisé : les princes luttaient contre l'empereur, les villes luttaient contre les princes. L'alliance de Charles VII fut sollicitée à la fois par l'empereur contre les Suisses et par le Duc de Lorraine contre les villes impériales. Charles VII promit aide et assistance à tous les deux. Rien n'était plus flottant et plus incertain que la frontière du Saint-Empire vers les marches de Lorraine. Les villes impériales étaient suspendues en quelque sorte entre l'Allemagne et la France. Il n'y avait guère, dans ces régions, de prince et de seigneur qui ne fût lié en même temps par la vassalité au Royaume et à l'Empire. Il s'agissait de pénétrer dans ces confins litigieux, d'y entamer la procédure et de s'y nantir de gages. « On disait en cette cour, rapporte Æneas Sylvius (1), qu'il fallait profiter des circonstances pour revendiquer les anciens droits de la couronne de France sur tous les pays situés en deça du Rhin. » Ainsi fut fait. En 1444, le dauphin, plus tard Louis XI, se mit en marche pour la Suisse, battit les ligues, fit la paix avec elles, se replia sur l'Alsace et déclara qu'il y venait « revendiquer les droits du Royaume des Gaulois qui s'étendaient jusques au Rhin (2). » Cependant Charles VII à

(I) *Henri Martin*, VI, p. 413.

(2) *Jacobi Wimpfelingii Germania ad rempublicam Argentinensem.* — *Th. Murneri ad rempublicam Argentinam Germania nova.* Strasbourg (réimpression), 1874.

la tête d'une autre armée avait pénétré en Lorraine et sommé les villes situées entre la Meuse et les Vosges de reconnaître son autorité : « Scavoir faisons, déclara-t-il le 11 septembre 1444, à tous présents et à venir que comme puis n'aguieres nous nous soions transportés vers les marches du Barrois et de Lorraine et vers les Alemaignes pour aucuns grants affaires touchans nous et nostre Seigneurie et meismement pour donner provision et remede à plusieurs usurpations et entreprinses faites sur les droitz de noz royaume et couronne de France, en plusieurs païs, seigneuries, citez et villes estans deça la rivière du Rein, qui d'ancienneté souloient estre et appartenir a noz prédécesseurs Rois de France. » (1) Toul et Verdun le reconnurent pour protecteur. Metz résista et excipa de ses priviléges. Les légistes du roi étaient prêts à les contester. « Le dit roy de France et ceux de son conseil, rapporte un chroniqueur (2), entendoient, quand à eux, faire guerre à bon titre, disants qu'icelle ville et cité, de très longtemps et d'ancienneté estoit et debvoit estre tenue soubs la souveraineté de la couronne de France. » Le Président du Parlement Jean Raboteau fit savoir aux Messins qu'il était en mesure de l'établir « tant par chartes que chroniques et histoires. » Invoquant tour à tour l'appui du roi contre l'empereur et l'appui de l'empereur contre le roi, les villes de la zone intermédiaire ne cherchaient en réalité qu'à se rendre indépendantes de l'un et de l'autre, à la manière des ligues et cantons de la Suisse.

« Le roy, dit Jean Raboteau, estoit bien adverti qu'ils estoient coustumiers de faire et trouver telles cautelles et cavillations, et comment quand l'empereur d'Allemagne estoit venu... à grande puissance et intention de les vouloir contraindre d'obéir à luy, pour leur défense, ils se disoient

(1) *Ordonnances des rois*, tome XIII p. 408.
(2) *Mathieu de Coussy*, ch. III.

lors estre dépendants du royaume de France et tenants de la couronne; semblablement quand aucuns roys des prédécesseurs du roy de France estoient venus pour les faire obéir à eux, ils se disoient lors estre de l'Empire et subjects de l'Empereur (1). » — Les Messins ne se laissèrent pas convaincre, les Allemands protestèrent, le roi se retira, mais le procès était commencé, et dès lors il demeura toujours ouvert.

La question de l'héritage de Bourgogne le posa sous le règne suivant dans toute son ampleur. Le roi ne pouvait sans trahir les intérêts de la France abandonner les provinces françaises qui faisaient partie de la succession; il était porté naturellement à y vouloir joindre les territoires de l'héritage qui n'étaient point sous la suzeraineté française. A la nouvelle de la mort du duc, Louis XI rassembla ses troupes, fit venir le bâtard de Bourbon et Philippe de Commines et leur « bailla pouvoirs necessaires pour mettre en obéissance tous ceux qui s'y voudraient mettre. » Il y joignit les forces suffisantes pour y contraindre ceux qui ne le voudraient pas. Il envahit partout, alléguant en chaque lieu un droit différent. A Abbeville il fit déclarer que ces terres baillées par Charles VII en 1435 « devoient retourner en deffaut d'hoir masle. » A Arras « que le roy prétendait la ville sienne par le moyen de confiscation; » le pays devait suivre la ville; en Bourgogne il invoqua la garde noble (2). Il occupa le Hainaut et des territoires d'empire à titre de nantissement préalable, sauf à les restituer ensuite, après jugement, s'il le fallait. Dans les Flandres il fit appel au sentiment national et mêlant aux revendications de droit et de fait un argument destiné à faire plus tard une étrange fortune, il dit aux habitants : « Si ma cousine était bien conseillée, elle épouserait le dauphin. Vous autres wallons,

(1) *Mathieu de Coussy*, ch. III.
(2) *Commynes*, liv. V, chap. X et XI.

vous parlez français, il vous faut **un** prince de France non pas un allemand (1). »

L'héritière de Bourgogne épousa Maximilien d'Autriche. La rivalité de la maison de France et de la maison d'Autriche en fut l'inévitable conséquence. Les intérêts de la France voulaient cette lutte, l'instinct national la commandait. Il n'est pas étonnant que les rois se soient rendus populaires en suivant cette politique : elle sortait pour ainsi dire du cœur même de la tradition. Ce mariage, dit un historien de la fin du xviie siècle (2), « fut la naissance d'une guerre qui a duré plus de deux cents ans et qui a la mine de durer encore beaucoup. Elle a été quelquefois interrompue par l'épuisement des combattants ; mais ce n'a été que pour revenir à la manière des fièvres intermittentes dès que la matière dissipée a pu se renouveler. De là sont sortis des fleuves de sang et une infinité de brûlements, de saccagements et de misères... : la France et la maison d'Autriche... ont engagé à cette dispute la plupart des princes chrétiens. »

On discuta les droits avant de les réclamer les armes à la main. Les conseillers du roi compulsèrent les titres. Il y eut tout un travail d'investigation et de procédure qui prépara les grandes revendications. On posa les principes et l'on établit les précédents. Comme on avait étendu le domaine et la prééminence royale à l'intérieur par les cas royaux, on inventa des cas royaux pour le dehors. L'enchevêtrement des souverainetés et des suzerainetés féodales fournit une inépuisable matière aux procès politiques. Le droit romain que l'on étudie de plus près et que l'on connaît mieux fournit un arsenal inépuisable d'arguments et de maximes. On le combine avec la coutume. La suprématie royale se fortifie des traditions de la majesté romaine. Le

-----

(1) Guizot, *Histoire de France*, II, p. 432.
(2) Dict. Bayle, art. Louis XI, note.

domaine est déclaré insaisissable, indivisible et imprescriptible. On établit que le roi ne peut rien aliéner de ses droits, et l'on découvre qu'il en a partout à revendiquer. La cause royale trouve un soutien puissant dans la renaissance des études classiques. L'imprimerie répand la connaissance de ces auteurs qui sont non seulement des modèles, mais des autorités. On ne se contente plus d'invoquer Charlemagne et d'alléguer sa légende. On prétend donner à l'histoire et à la politique une assise plus profonde et plus solide. On cherche dans les origines mêmes du grand empire des droits à la succession du grand empereur. On remonte jusqu'à la Gaule. César qui est le témoin des origines nationales, a marqué les limites du pays entre les Pyrénées, les Alpes et le Rhin. C'est un fait incontestable : on en déduit un droit imprescriptible. Les *Commentaires* qui font l'admiration des lettrés, deviennent le bréviaire des politiques (1). Les rois et leurs légistes prennent des Romains l'idée des frontières de la Gaule comme ils en ont pris leurs préceptes de droit public. Ils ont trouvé chez les Romains le moule de la monarchie; ils y trouvent le cadre où elle doit s'étendre et se renfermer. Ils s'y attachent d'autant plus fortement qu'il est à la fois plus vaste et plus simple, que la nature le dessine, que l'histoire le propose et qu'il ouvre aux ambitions nationales le plus beau champ qui se puisse rêver. Les écrits de Strabon sont traduits en latin (2) et tout français éclairé y peut lire ces passages dont on tirera successivement et suivant les temps, des précédents historiques, des maximes d'État et un système de philosophie politique. La Gaule est bornée par les Pyrénées, les Alpes et le Rhin; ce sont « des limites naturelles, » la géographie n'en connaît point d'autres; quant aux « limites

---

(1) *Cæsar. opera 1469, de bello gallico 1471.* — Il est cité par Wimpfeling et Murner.

(2) Venetiis, 1516, Bâle, 1571, Genève, 1587.

posées par les princes à diverses époques et par différents motifs politiques, elles sont aussi variables que ces motifs (1). » Dans la Gaule, les dispositions des fleuves et des montagnes ont quelque chose de providentiel. « Ce qui mérite surtout d'être remarqué dans cette contrée, c'est la parfaite correspondance qui règne entre ces divers cantons par les fleuves qui les arrosent et par les deux mers dans lesquelles ces derniers se déchargent... Une si heureuse disposition des lieux par cela même qu'elle semble être l'ouvrage d'un être intelligent plutôt que l'effet du hasard, suffirait pour prouver la Providence (2). »

Ainsi les titres sont inscrits par la divinité même dans la nature des choses, comme ils sont inscrits dans l'histoire, dans les traités et dans les chartes. Mais s'ils sont nombreux, ils sont confus. Les procès politiques où l'on veut les produire font surgir à tout instant des difficultés qui surprennent et des objections qui déconcertent. Il faut une règle supérieure pour interpréter les cas douteux, pour appliquer aux litiges féodaux les préceptes du droit romain et pour confondre les contradicteurs. Cette règle, c'est celle qui prévaut déjà dans le droit public : la raison d'État. Elle dirige la conscience des rois, gouverne la politique des diplomates et inspire la jurisprudence des légistes. C'est le premier mot des contestations, le dernier terme des jugements, le fondement de tous les desseins, la justification de toutes les entreprises, la loi suprême et sans appel : *salus populi suprema lex esto.*

Les légistes et les publicistes de l'Allemagne contestaient et revendiquaient avec la même fureur de logique et la même intempérance d'érudition. Ils invoquaient les mêmes

______

(1) Traduction Letronne, livre IV. — Th. Lavallée, *Les frontières de la France,* chap. I.

(2) Strabon, *id.*

textes et se prévalaient des mêmes autorités. C'était une guerre de citations et de syllogismes où les rubriques du digeste se combinaient avec les subtilités de la scolastique. La géographie et l'astrologie, l'histoire et la légende, les commentaires de César et la geste de Charlemagne, le code théodosien et les lois barbares, les précédents de l'empire romain et les chartes du moyen âge, tous les arguments semblaient bons, les pires servaient au moins à faire nombre. Rabelais nous a laissé d'incomparables parodies de ces polémiques barbares. Au fond, la question qui s'y agitait n'était pas de celles qui se résolvent avec des textes et se tranchent par des maximes. L'incertitude même, la confusion et la vanité des prétextes invoqués de part et d'autre montrent bien que le débat engagé ne portait point sur un problème de droit ou de jurisprudence.

Ces lourdes disputes ne sont que la forme du conflit. Le fond était une de ces luttes qui sont l'essence même de toute histoire. Ce n'était ni le droit romain, ni le droit féodal, ni le droit de la nature, qui pouvaient résoudre le problème des frontières. Les frontières sont marquées aux points où s'arrêtent les nations, c'est-à-dire les traditions analogues, les aspirations identiques, la civilisation commune. Le grand problème qui se posait et se développait sous les complications et les obscurités de la procédure politique était précisément celui de savoir vers lequel des deux empires et des deux peuples qui se disputaient ces territoires intermédiaires, les populations disputées se sentiraient assez attirées pour se former avec lui en corps de nation et d'état.

Tandis que ces idées s'élaboraient pour l'avenir, la politique des rois déviait dans le présent, s'égarait et semblait près de se perdre. Charles VIII se laisse tenter par la légende ; il abandonna l'empire pour suivre en Italie l'ombre de l'empereur. « Je vous aiderai à vous faire plus grand que ne fut jamais Charlemagne » lui disait Ludovic le More (1).

Il partit pour la conquête de Naples et de Constantinople. Ce sont, s'il en fût jamais, des « guerres de magnificence » que ces expéditions d'Italie ; mais ce sont des guerres désastreuses. Les conseillers du roi ne s'y trompent pas. « La grandeur et le repos du royaume dépendent de la possession des Pays-Pas » disait Crévecœur à Charles VIII (2). C'était vers le nord et vers l'est qu'il fallait se diriger. « Les Français eussent mieux fait leur profit de ce côté là que du côté de l'Italie » écrivait un siècle après l'auteur des mémoires de Gaspard de Saulx. Ce sont « guerres communes » si l'on veut, mais ce sont les vraies guerres du roi. L'expérience le prouve trop rudement, et cette déviation même de la politique ne fit que fortifier la tradition nationale. Henri II la retrouva plus ferme que jamais, il y revint et de longtemps on ne s'en écarta plus.

II

En 1552, les princes allemands « mal menés sous le joug de l'empereur coururent à l'ayde » dit un contemporain (3). Ils avisèrent Henri II que Charles-Quint voulait occuper Metz, Toul, Verdun, Strasbourg et d'autres villes sur le Rhin. Ce serait, disaient-ils, « la ruine totale de l'Empire (4) ; » il sollicitent Henri de conjurer ce péril. Le conseil délibère. « Par ainsi, dit le maréchal de Vieilleville, emparez-vous doulcement puis que l'occasion s'y offre des susdites villes qui seront environ quarante lieues de païs gaigné sans perdre ung homme et ung inexpugnable rem-

(1) *Commynes*, liv. VII, ch. VI.
(2) Guizot, *Histoire de France*, II, p. 475.
(3) Brantôme, *Le grand roy Henri II*.
(4) Vincent Carloix, *Mémoire sur la vie du maréchal de Vieilleville* liv. IV, chap. VIII.

part pour la Champaigne et la Picardie, en oultre un beau chemin et tout ouvert pour enfoncer la duché de Luxembourg et les pays qui sont au dessoubs jusques à Brucelles ; plus vous faire maistre à la longue de tant de belles et grandes villes que l'on a arrachées des fleurons de vostre couronne, et de recouvrer pareillement la souveraineté des Flandres que l'on vous a si frauduleusement ravie, qui appartient aux roys de France, il y a plus de mille ans et de toute immémoriale ancienneté. » Quelque temps après, il combattait une mesure avantageuse pour lui mais qui lui semblait contraire à ce grand dessein, il refusait un poste brillant « aimant mieux, disait-il, mourir qu'il me soit reproché et à ma postérité que pour l'ambition d'un gouvernement j'aye frustré la couronne de France d'une frontière de telle et si grande étendue qui vous ramène et faict rentrerau royaume d'Austrasie qui est la première couronne de nos anciens roys (1). »

C'est ainsi que les conquêtes nécessaires à la sûreté de l'État deviennent une revendication des droits de l'État. Ces guerriers ont l'esprit tout plein des souvenirs classiques. Ils trouvent à la fois dans l'antiquité des exemples à suivre et des titres à produire. Rabutin intitule son récit de l'expédition « *Commentaires des dernières guerres en la Gaule Belgique* ; » il dédie son livre au prince de Clèves ; rappelez-vous, lui dit-il, en parlant de leur campagne « les divines louanges que vous donnastes à Jules César. » La guerre est populaire : Rabutin célèbre « le grand zèle des français envers le roy. » Vincent Carloix nous montre la jeunesse des villes se dérobant de père et de mère pour se faire enrôler, les boutiques fermées faute d'artisans « tant était grande l'ardeur, en toutes qualités de gens, de faire ce voyage et de voir la rivière du Rhin. » Mais toutes ces peintures s'effacent devant celle qu'a laissée Rabelais en

(1) Vincent Carloix, *Id.*, chap. XIV.

son prologue du troisième livre de Pantagruel. « Considerant par tout ce très-noble royaume de France... un chacun aujourd'huy soy instamment exercer et travailler, part à la fortification de sa patrie et la defendre ; part au repoulsement des ennemis et les offendre ; le tout en police tant belle, en ordonnance si mirifique et à profit tant évident pour l'advenir, (car desormais sera France superbement bournée, seront François en repos asseurés) que peu de chosem e retient que je n'entre en l'opinion du bon Heraclitus, affirmant guerre estre de tous biens père ; et croye que guerre soit en latin dite *belle*, non pas antiphrase... mais absolument et simplement par raison qu'en guerre apparoisse tout espèce de bien et beau.... » Le roi prit Metz, Toul et Verdun sous sa protection. C'était un grand pas. Ce n'était pas assez au gré des ambitieux. Jean de Saulx Tavanne dans les mémoires qu'il écrivit cinquante ans après sur la vie de son père reproche au roi de n'avoir point pris l'Alsace et la Lorraine (1). « Ce fust esté, dit-il, le rétablissement du royaume d'Austrasie joint à celuy de France. Le roy n'estoit assez habile, le connestable qui l'eust desiré, eust esté contrarié de M. de Guise qui commençait à balancer sa faveur. »

Ce que le père n'avait point accompli, Coligny ne cessa de presser le fils de l'exécuter. La conquête des Flandres était sa pensée dominante et le fond de sa politique contre la maison d'Autriche. « Qui empesche la guerre d'Espagne, disait-il, n'est bon français et a une croix rouge dans le ventre (2). » Les habitants se soumettront d'eux-mêmes par haine de l'espagnol ; Coligny l'assurait à Charles IX, de sorte, ajoutait-il, que « sans grande dépense ils le feroient seigneur de tous les Pays-Bas, la plupart desquels estoient fleurons tirez de cette coronne, usurpez injustement sur les

---

(1) *Mém. de Gaspard de Saulx,* année 1552.
(2) *Mém. de Gaspard de Saulx,* année 1572.

prédécesseurs du Roy, que justement on pouvait réparer par les armes, ce que par les armes on avoit perdu (1). » Brantôme rapporte que, peu de jours avant sa mort, revenant à cette affaire de Flandre à laquelle il songeait sans cesse : « Dieu soit loué, dit-il, tout va bien ; avant qu'il soit longtemps nous aurons chassé l'espagnol des Pays-Bas, et en aurons faict notre roy maistre ou nous y mourrons tous, et moy-mesme le premier et n'y plaindrai point ma vie, si je la perds pour ce bon subject. » Les fanatiques ne le permirent pas. La Saint-Barthélemy remplaça l'expédition de Flandre. L'amiral fut assassiné. « Mort malheureuse pour toute la France » conclut Brantôme, car il « luy allait conquester tout un pays aussi grand qu'un royaume et le luy approprier (2). »

Les points d'ambition sont désormais, nettement déterminés. Avec Henri IV la royauté apparaît en pleine possession de ses forces et de sa raison. La tradition nationale s'est affermie, précisée, simplifiée ; elle s'est dégagée de la légende et du rêve. C'est le règne des politiques. Le rôle des légistes s'élève en même temps que leur esprit se dépouille de l'âpreté confuse des premiers âges. Leur science s'éclaircit, leur pensée s'épure, ils joignent à un sentiment aussi vif de la grandeur du pays, un respect profond de sa dignité, une appréciation juste de ses devoirs et par suite, une conviction plus forte et plus positive de ses droits. Ils donnent à la France le premier de ses grands historiens et l'un des plus grands parmi ses négociateurs, Étienne Pasquier et le président Jeannin. Ce n'est pas qu'ils ignorent la légende et qu'ils soient insensibles aux entraînantes séductions des souvenirs. Pasquier les a retrouvées dans ses *Recherches de la France*; Bongars, qui fut employé par Henri IV à tant de grandes affaires était familier avec les

____

(1) Pierre Mathieu, *Histoire de France*, t. I, p. 338, Paris, 1631.
(2) Brantôme, *M. l'amiral de Chastillon.*

écrits de Pierre du Bois (1), et il célèbre les grandes entreprises des rois dans ses *Gesta Dei per Francos*. Mais tous se rendent compte qu'il y a une limite nécessaire aux ambitions, c'est l'intérêt bien entendu. Il ne faut conquérir que ce qu'on peut conserver. Les conquêtes exagérées épuisent les forces de l'État, elles lui attirent des ennemis. Il y a désormais un degré de puissance que l'on ne peut atteindre sans s'exposer à des coalitions formidables. La France ne doit point s'attirer la haine dont elle poursuit elle-même la maison d'Autriche. Sully est tout plein de ces appréhensions; il y revient à tout instant dans ses lettres et dans ses entretiens avec Henri IV. C'est le fond de la politique de ses *Œconomies royales*. « Tout roi de France, quel qu'il soit, dit-il (2), doit plutost songer et méditer à s'acquérir des amis, alliez et confédérez, bien certains et bien asseurez par les liens de communs intérests, qui sont les meilleurs de tous, qu'en faisant des desseins surpassant leurs propres forces, s'attirer la haine irréconciliable et les puissantes armes des uns sur les autres. » Etienne Pasquier, qui loue grandement Henri II de ses conquêtes en Lorraine (3), tient cependant qu'il importe avant tout de mesurer ses desseins aux forces et aux intérêts de l'État. « J'entends bien, fait-il dire au philosophe dans le *Pourparler du Prince*, j'entends bien que tu me diras que tu amplifies tes bornes ; mais hélas ! miserable, tu ne vois que pour bien borner ton royaume, il faut premièrement que tu mettes bornes convenables à ton esperance et desir. » Où seront ces bornes ? Sully ne méconnaît pas que la France sous Charlemagne a rétabli dans le monde « la monarchie occidentale, » qu'ensuite les rois de la troisième race ont vu « leur domination quasi réduite dans les estroites bornes

(1) *Hist. litt.*, t. XXVII, p. 738.
(2) Tome IX, éd. Petitot, p. 33.
(3) Lettres, liv. I, lettre XI.

desquelles elle est à présent limitée » (1) ; il reconnaît que la nature a dessiné certaines frontières, celle des Pyrénées par exemple (2) ; il avoue que « le seul et unique moyen de remettre la France en son ancienne splendeur et la rendre supérieure à tout le reste de la chrétienté » (3), ce serait de lui rendre les pays voisins qui « lui ont autrefois appartenu et semblent estre de la bienséance de ses limites, » savoir la Savoie, la Franche-Comté, la Lorraine, l'Artois, le Hainaut, les provinces des Pays-Bas y compris Clèves et Juliers (4) ; mais serait-il possible de s'y maintenir sans provoquer des rivalités acharnées et des guerres ruineuses, sans exciter surtout dans la dynastie des ambitions plus redoutables à la France que toute la haine des étrangers. « Considérez, écrit-il au roi (5), quelles pourroient estre les pensées d'un prince moins sage, tempérant et modeste que vous, tels qu'il pourra arriver que le seront vos successeurs.... et s'ils se pourroient contenir dans de telles bornes sans qu'une telle amplitude leur fist naistre des desirs ambitieux et des aviditez insatiables à l'accroissement de la domination françoise, pour lúy faire porter le titre de monarchie occidentale. » Il semble qu'en écrivant ces lignes il devinât Louis XIV et pressentît Napoléon.

Il craignait ces débordements de puissance. Selon lui, la France se suffisait : elle était assez forte pour n'avoir rien à redouter des autres puissances, et pour être redoutée de toutes. Mais s'il modérait l'ardeur d'acquérir, Sully ne renonçait point au goût de dominer. Il était trop épris de la grandeur de son pays, trop attaché à la gloire de son roi, trop pénétré des vieilles traditions nationales pour

(1) Œconomies, t. VIII, chap. XI, p. 183.
(2) *Id.*, t. IX, p. 471.
(3) *Id.*, t. VII, chap. X.
(4) *Id.*, VIII, chap. XII, p. 258, et IX, chap. II, p. 28.
(5) *Id.*, IX et II, p. 28.

vouloir restreindre le rôle de la France dans le monde. Il
prétentait l'étendre au contraire et l'élever à des hauteurs
d'où la France aurait dominé toute la société chrétienne
et tout le monde civilisé. De là l'étrange et vaste combinaison que l'on appelle à tort le grand dessein de Henri IV et
qui serait bien plus justement nommée le grand dessein
de Sully. Abattre la maison d'Autriche et la réduire à la
péninsule d'Espagne, diviser l'Europe entre quelques do-
minations qui se seraient contenues l'une l'autre, fonder
entre elles une république d'états chrétiens dont le Pape
aurait eu la présidence, et la France le gouvernement,
affaiblir les rivaux de la France, fortifier ses clients, l'en-
tourer d'une ceinture d'états neutres, ses protégés en droit,
ses vassaux en fait, qui auraient servi de boulevard à sa
défense et d'avant garde à son influence; puis, la paix éta-
blie entre les chrétiens, expulser d'Europe le Tartare et le
Turc, et restaurer l'empire de Constantinople, telle est
dans ses données principales la fameuse proposition de
Sully. Au fond c'est la monarchie constitutionnelle de
l'Europe attribuée à la France, et pour être voilée d'une
constitution savante et compliquée ce n'en est pas moins
une monarchie universelle.

C'est sous cette forme et sans aucun ambage que d'Aubi-
gné présente les derniers desseins d'Henri IV (1) : il ne se
préparait à rien moins qu'à « mettre la couronne impérialle
tout d'un traint sur sa teste sans en faire à deux fois. » Les
Gouvernements « jugèrent où alloit le merite du dessein
par le merite du desseignant, » et résolurent de contribuer
aux victoires qu'ils ne se pouvaient arrêter. « Le consentement des peuples qui est (bien souvent) la voix de Dieu,
sembloit promettre sa bénédiction. Les nations avoyent
posé leurs haines, vouloyent arracher leurs bornes pour
l'amour d'Henri. Les Alemans s'armoyent à la Françoise

(1) *Appendix ou Corollaire des Histoires.*

pour combattre de mesme... Le marquis de Brandebourg espuisoit la noblesse de Poméranie, et les Suisses animoyent leurs rochers immobiles. Tout cela pour faire un empereur des Chrestiens qui de sa menace arresteroit les Turcs ; pour reformer l'Italie, dompter l'Espagne, reconquerir l'Europe et faire trembler l'Univers. »

Ce projet d'empire des chrétiens, Pierre du Bois l'avait, dès le xive siècle, présenté dans son traité *De recuperatione terræ sanctæ* sous les formes lourdes et incertaines de l'art politique de son temps. Sully reprend l'idée, il la dégage de la convoitise brutale qui se dérobait sous les imaginations fantastiques du légiste du moyen âge, et la pare de l'attrait mystique de l'utopie. Près de trois siècles après nous la reconnaîtrons, bien que savamment dissimulée sous les formes austères de l'idéologie. Ce sera le grand dessein de Sieyès : la France environnée de républiques vassales, dominant l'Europe par ses alliances, la dirigeant par sa politique, imposant la paix aux États et propageant parmi les peuples les doctrines de la Révolution.

Désormais la famille des esprits dont j'essaie d'esquisser l'histoire, va se diviser en plusieurs branches. L'ambition des rois aura ses zélateurs et ses modérateurs ; ils trouveront des conseillers pour les exciter aux vastes conquêtes, d'autres pour les en détourner. La force envahissante aura des apologistes ; la justice et la prudence auront leurs défenseurs ; quelques-uns poursuivront de vastes chimères ou dissimuleront derrière les utopies pacifiques le sophisme de leur ambition. Chez tous on reconnaîtra la marque héréditaire et le signe de la race ; chez tous on apercevra ce trait de la lignée : l'adresse à fonder sur des prétextes nouveaux des prétentions séculaires et à justifier par le droit établi et la philosophie à la mode, l'exécution d'un même dessein que les uns poursuivent avec une passion aveugle, d'autres avec une âpre convoitise, d'autres enfin avec la sagacité prudente et patiente de la vraie politique.

C'est à cette classe qu'appartiennent les grands fondateurs de la diplomatie moderne de la France ; ceux qui vont résumer, en la précisant, la tradition du passé, et fonder la tradition de l'avenir : Henri IV, Richelieu, Mazarin, immortels ouvriers de la grande œuvre européenne de l'ancienne France : les traités de Westphalie.

Henri IV était le moins chimérique des hommes ; mais il aimait les raisonnements subtils et les beaux exercices de pensée. Il se plaisait à écouter les dissertations de Sully. Cependant, il y avait dans le dessein du ministre deux conditions qu'il n'admettait guère : la paix qu'il ne croyait pas possible, et le désintéressement qui n'était pas dans ses goûts. « Hé quoi, disait-il à Sully, voudriez-vous que je dépendisse soixante millions pour conquester des terres pour autrui, sans en retenir rien pour moi ? Ce n'est pas là mon intention (1). » On ne sait pas à quel terme il se fût arrêté s'il avait réussi dans les grandes guerres qu'il préparait au moment où il fut enlevé à la France ; mais s'il est certain que ce prince si sage n'aurait trouvé bon à prendre que ce qu'il jugeait bon à garder, on peut conjecturer que ses vues s'étendaient assez loin, aux Flandres au moins et à toute la Lorraine. C'était le sentiment des contemporains.

Sandraz de Courtilz, dans un écrit sur Henri IV qui parut en 1688 allait plus loin (2) : « Henri IV voulait rendre à la France ses premières bornes et porter les frontières « du côté de l'Orient jusqu'au rivage du Rhin, du côté du Midy jusqu'aux Alpes, du côté de l'Occident jusqu'aux Pyrénées, et enfin du côté du septentrion jusqu'à l'Océan. » Il parut en 1600 et 1630 deux *lettres savoisiennes* destinées à justifier la réunion à la Savoie. Selon l'auteur, la France se la devait

(1) *Sully,* t. VIII, chap. VIII, p. 124.

(2) Cité par M. Charles de la Combe, *Henri IV et sa politique.* — p. 391.

annexer afin d'avoir du côté de l'Italie les Alpes pour bornes comme elle avait les Pyrénées du côté de l'Espagne (1). L'historien Matthieu prête à Henri IV un mot qui résume toutes ses tendances et qu'il relève lui-même en termes très-remarquables. En 1601, le roi qui avait réuni la Bresse et le pays de Gex, reçut les députés de ses nouveaux sujets. « Entre autres paroles que le roy dit aux députez, rapporte l'historien (2), celles-ci furent recueillies. — Il estoit raisonnable que puisque vous parlez naturellement françois vous fussiez suiects à un Roy de France. Je veux bien que la langue espagnole demeure à l'Espagnol, l'allemande à l'Allemand, mais toute la françoise doit estre à moy. » Et Mathieu ajoute : « Cela pouvoit estre par la loy de sa valeur et de son courage si grand et si eslevé que sans les infidelitez françoises il eust fait une partie du monde françois, comme Probus l'avoit fait romain. »

Telle est la tradition de Henri IV. Richelieu en était nourri. Au début de ses mémoires, à l'année 1610, parlant des projets du grand roi, il ajoute : « Peut-être que l'appétit lui fût venu en mangeant, et qu'outre le dessein qu'il faisait pour l'Italie, il se fût résolu d'attaquer la Flandre, où ses pensées se portaient quelquefois, aussi bien qu'à rendre le Rhin la borne de la France..... » Ce n'était pas seulement Richelieu qui était pénétré de cette tradition, c'était tout un grand parti, à la fois très-national et très-royaliste, le parti des politiques. C'est parce que Richelieu s'appuya sur ce parti et en précisa les tendances avec tant de force et tant d'éclat qu'il parvint si vite au pouvoir et s'y établit si fortement (3).

Dès l'année 1612, il écrivait à un ami : « Pour les maux du dehors, je les baptiseray d'un autre nom, s'ils nous

(1) Lelong, Bib. historique, n° 29.088.
(2) *Histoire de Henri IV*, Paris, 1631.
(3) Voir les études de M. Gabriel Hanotaux.

font naistre les occasions d'accroistre nos limites et de nous combler de gloire aux despens des ennemis de la France (1). » Les contemporains rapportent qu'il se complaisait à la lecture de l'*Argenis* de Barclay (2) et qu'il retrouvait sous cette confuse allégorie les principes de sa politique. Le fait est qu'au chapitre de la conclusion qui a pour titre : « *Prédiction de felicitez,* » Poliarque « le plus grand roy des Gaules », épouse Argenis, et entre autres félicités, le voyant lui annonce celle-ci ; « Vous estendrez les bornes de vostre empire : le Rhin vous verra d'un costé victorieux et l'Océan de l'autre (3). » Mais voici un témoin plus grave et plus éloquent des pensées qui traversaient l'esprit du cardinal et des desseins dont le louaient ses partisans. C'est en 1627, avant qu'il n'eût encore rien entrepris à l'extérieur que Malherbe écrivait à Racan : « Je vous assure qu'il y a dans cet homme quelque chose qui excède l'humanité..... L'espace entre le Rhin et les Pyrénées ne lui semble pas un champ assez grand pour les fleurs de lys. Il veut qu'elles occupent les deux bords de la Méditerranée et que de là elles portent leur odeur aux dernières contrées de l'Orient. Mesurez à l'étendue de ses desseins, l'étendue de son courage. »

Il fut ici le maître architecte et le constructeur par excellence. Ses desseins étaient positifs ; ses vues claires, simples et pénétrantes. Sa grande supériorité fut de discerner les occasions et d'agir à propos ; de ne proposer que l'opportun, de rien tenter que le possible, de n'exécuter que le durable. En 1633, le royaume étant pacifié et le parti huguenot soumis, il eut lieu de penser que s'il soutenait la cause des princes protestants d'Allemagne contre la maison d'Autriche, ces princes remettraient au roi « tout ce qu'ils te-

(1) Avenel, *La jeunesse de Richelieu.*
(2) Paris, 1621.
(3) Traduction française, Paris, 1624.

noient en deçà du Rhin. » Il fit ressortir dans un mémoire adressé à Louis XIII « qu'il sembloit que les avantages du roi étaient grands en ce parti et le péril petit......Il étendoit son royaume jusqu'au Rhin sans coupfrapper. » Mais il convenait d'abord d'ouvrir la route, c'est-à-dire de s'emparer de la Lorraine dont le duc avait pris le parti de l'empereur. « Cela fait, ajoutait-il quelques mois après, on pourrait insensiblement étendre les bornes de la France jusqu'au Rhin et être en état peu après de prendre part à la Flandre si par un soulèvement général *ou débris* manifeste des affaires d'Espagne, on voyait au printemps qu'il y eût occasion de le faire (1). »

C'était le plan politique. Il restait à régler les questions de droit, c'est-à-dire à trouver les justifications, les prétextes et la procédure. Ce fut l'objet d'un mémoire qu'il fit composer par un de ses conseillers et qui porte ce titre : « *Quel est le plus sûr moyen pour réunir à la France les duchés de Lorraine et de Bar* (2) ? Nous retrouvons ici toute vivante au XVIIe siècle la tradition des légistes de Philippe le Bel. « L'empereur, déclare notre auteur, n'a aucun droit sur les terres qui sont en deçà du Rhin que par usurpation. Quand le comté de Champagne a été réuni à la couronne par le mariage de l'héritière de Champagne avec Philippe le Bel, il fit un traité à Vaucouleurs avec l'empereur Albert et les prélats et barons de l'empire, par lequel il est dit que les limites de la France seront jusqu'à la rivière du Rhin, ainsi que d'ancienneté... Les souverains ne prescrivent jamais les uns contre les autres ; et la raison est qu'ils n'ont point de juge par devant qui ils puissent se plaindre de l'injuste détention de leur bien ; ils attendent que la force soit de leur côté pour rentrer dans ce qui leur appartient ; à quoi faire, il n'y a point de temps préfix, non pas même mille ans, comme dit

(1) *Mémoires*, année 1633.
(2) D'Haussonville, *Réunion de la Lorraine,* I, pièces, n° LIX.

un ancien jurisconsulte. » Les légistes ont fourni les titres ; ils fourniront aussi les moyens et jugeront le cas. Le roi saisira son parlement de ses griefs contre le duc de Lorraine, durant le procès il se saisira du territoire à titre de gage, et l'arrêt rendu, si le duc refuse de reconnaître la suzeraineté de la France, le roi sera en droit de réunir le duché « par voie légitime et suivant les maximes du droit des fiefs qui fermeront la porte à toutes plaintes et aux prières et intercessions des princes étrangers que le duc de Lorraine interposera, d'autant que le roi n'aura qu'à les payer de l'arrêt de sa Cour de Parlement. »

Richelieu trouva le raisonnement solide et il le reproduisit presque mot pour mot lorsque le cardinal de Lorraine allégua les droits de l'empire sur le duché. La France, ajouta-t-il, n'avait pas été à même jusque-là de disputer ses prétentions « mais à présent que Dieu ouvroit le chemin au roi de rétablir la monarchie en sa première grandeur, la postérité auroit droit de lui reprocher, s'il perdoit l'occasion de rentrer dans les anciens droits de sa couronne (1). »

Richelieu ne se contenta point des revendications très-positives, mais très-prudentes et très-limitées qu'il s'efforçait de faire prévaloir par la négociation et par la guerre. Il voulut que sa politique fût nationale et que l'opinion du public la soutînt. De là une série d'ouvrages composés sous son inspiration et qui parurent tant sous son gouvernement que dans les premiers temps de celui de son successeur. Ils avaient pour objet d'éclairer les Français sur la raison d'être et la conséquence du vaste plan de guerre et de diplomatie qui devait aboutir aux traités de 1648. Les arguments étaient tout prêts ; il n'y avait qu'à les recueillir dans la tradition et à les accorder au ton du siècle. Ce fut l'œuvre des publicistes et des légistes du XVIIe siècle, descendants directs et légitimes de ceux du XIVe.

(1) *Mémoires*, année 1633.

On s'étonnera moins de voir à la fin du xviiie siècle les légistes de la convention, les Merlin, les Cambacérès, les Rewbell, les Treilhard, reprendre à peine arrivés au pouvoir et adapter si aisément aux nouvelles formules du droit public, la vieille tradition des conquêtes royales, lorsqu'on considérera que ceux qui, au xive siècle ont fondé le système, ceux qui l'ont développé au xviie, avaient les mêmes origines, avaient reçu la même éducation et surgissaient tous pleins du même esprit de l'obscurité des prétoires, des greffes, des intendances et des archives.

Le premier en ligne parmi ces publicistes royaux de Richelieu est Chantereau-Lefèvre, employé d'abord aux gabelles, puis intendant des duchés de Lorraine et de Bar. Il publia en 1642 des *Considérations historiques sur la généalogie de la maison de Lorraine,* « avec une *carte de l'ancien royaume d'Austrasie, le vrai et primitif héritage de la couronne de France.* » C'est à la France que le livre est dédié. « Je suis un de ses plus petits nourrissons. J'ose toutefois dire que j'ai eu le bonheur de retirer du milieu des ténèbres une vérité importante à son repos. » Cette vérité, c'est que les Francs se sont rendus maîtres de la Gaule, c'est-à-dire du « continent de terre qui est situé entre la mer Océane et Méditerranée, et qui a pour bornes le fleuve du Rhin et les monts Pyrénées, les Alpes et l'Apennin (1).

Chantereau-Lefèvre se sent soutenu par la pensée que la juste revendication de ses droits est utile à sa patrie, et que le bonheur de l'univers est lié à la prospérité de la France. C'est encore un trait commun des publicistes du xviie siècle avec leurs prédécesseurs du xive et leurs émules de la Révolution. C'est dans un traité de l'*Abrégement des guerres* que Pierre du Bois proposait au roi de France la suprématie de l'Europe ; les législateurs de l'an III croiront également

(1) Liv. I, p. 64.

travailler pour la paix du monde en augmentant la puissance française en Europe. Chantereau-Lefèvre ne doute point que la question des limites une fois tranchée, la paix ne règne et pour toujours entre les Français et les Allemands. « Le rétablissement de ces bornes, conclut-il, donne une paix honorable et sûre, non seulement à la France, mais à toute la république chrétienne, qui a été incessamment troublée depuis sept vingt ans par ceux qui, après avoir envahi sur la couronne Franc-Gauloise quantité de beaux et importants États, ont fait leurs efforts de ravir le reste et de mettre en servage tous les princes chrétiens sous ce fastueux titre de cinquième monarchie qui devait engloutir tout l'Occident. » Chantereau-Lefèvre est un ambitieux, mais c'est un politique : ses revendications sont précises et limitées. Denis Godefroy, historiographe de France, fils et petit-fils de jurisconsultes, soutient la même thèse, dans ses *mémoires et instructions pour servir dans les négociations et affaires concernant les droits du roy* (1).

C'était donc un fait acquis avant les traités de Westphalie, qu'en s'annexant l'Alsace et la Lorraine, la France ne faisait qu'opérer une légitime reprise. On lit dans un ouvrage publié en 1648 sous ce titre : *Les affaires qui sont aujourd'hui entre les maisons de France et d'Autriche*, cette phrase caractéristique à propos des princes qui possèdent en Europe : « En ce lieu nous mettons le roi de France, tout l'État duquel est compris dans les Gaules narbonnaise, aquitanique, celtique, belgique. Il ne les possède pas néanmoins toutes. » S'il ne les possède point, il est fondé à les revendiquer, lorsque l'occasion lui permet de le faire utilement.

Cependant les droits et prétentions du roi ne se limitent point à cet état de possession d'ancienneté. Une fois lancées sur cette pente, l'imagination et la faconde des légistes ne s'arrêtent pas. Ils découvrent des prétentions partout où ils

(1) Paris, 1645.

voient des intérêts, et des droits partout où ils élèvent des prétentions. Un avocat du roi au présidial de Béziers, Jacques de Cassan, fit paraître en 1643 un ouvrage intitulé : *« La recherche des droits du roy et de la couronne de France sur les royaumes, duchés, comtés, villes et pays occupés par les princes étrangers. »* Ces droits s'étendent à presque toute l'Europe. Il n'est point de domination qui s'en puisse garder, ni l'Espagne, ni le Portugal, ni la Sicile, ni Naples, ni le Milanais, ni la Sardaigne. L'érudition de l'auteur est fantasque et sa doctrine confuse. Ce qui importe, c'est le dessein général et la visée politique. Ici le rêveur se rencontre avec les politiques. Il y a au commencement des grandes entreprises qu'il suggère, un débat préjudiciel à vider avant d'entamer cet immense litige; c'est le premier point et le point essentiel. Les Francs ont hérité des Gaules et de toutes leurs annexes ; ils ont donc à réunir la Savoie et Nice; ils ont à reprendre la Lorraine, car elle est des pays en deça du Rhin « qui ont été usurpés sur la France. » C'était le royaume d'Austrasie : « Quelque nom qu'il eût, » ajoute notre légiste, dont le souffle patriotique élève ici tout à coup et éclaire le style d'ordinaire plat et lourd, « Quelque nom qu'il eût, il faisait toujours une riche pièce de la couronne de France. C'était une pierre précieuse, tirée de la même roche et de la même mine, comme un or sorti de la substance de la même terre... » Il faut y ajouter les Flandres et les Pays-Bas, car Jules César les a comprises dans le domaine Gaulois. Il faut y joindre le Roussillon, et nous devons noter ici l'argument invoqué : c'est la transition à un ordre d'idées que la Convention devait plus tard emprunter à la philosophie régnante, sans se douter peut-être qu'il était renouvelé de Strabon et d'un avocat de Louis XIII au présidial de Béziers. « Comme les anciens remparts des Gaules devers l'Orient étaient les Alpes, aussi les Pyrénées qui enferment ce comté du côté de la France l'ont toujours été devers l'Occident. Ce sont les bornes que la nature semble avoir mises de sa propre main et que les anciens rois, auxquels est dû l'établissement de cette monarchie, donnèrent à leur État. » Voici enfin un témoignage qui montre mieux que tous, les autres comment ces desseins politiques étaient devenus populaires sous le gouvernement du cardinal. On a contesté, et non sans de sérieux motifs, l'authenticité du testament latin de Richelieu, *Testamentum politicum*. On y lit cette phrase fameuse : « Le but de mon ministère a été de rendre à la Gaule les frontières que lui a destinées la nature, de rendre aux gaulois un roi gaulois, de confondre la Gaule avec la France et partout où fut l'ancienne Gaule d'y rétablir la nouvelle. » Au point de vue de la tradition nationale, l'authenticité du document importe peu ; l'essentiel est que le rédacteur traduise ainsi la pensée du cardinal et voulant faire honneur à sa mémoire, ne trouve rien de plus beau à proposer à l'admiration des français. « Lorsque dans deux cents ans, écrivait Voiture (1), ceux qui viendront après nous... apprendront que du temps de son ministère, les Anglais ont été battus et chassés, Pignerol conquis, Casal secouru, toute la Lorraine jointe à cette couronne, la plus grande partie de l'Alsace mise sous notre pouvoir.... et qu'ils verront que tant qu'il a présidé à nos affaires, la France n'a pas eu un voisin sur lequel elle n'ait gagné des places et des batailles, s'ils ont quelque goutte de sang français dans les veines et quelque amour pour la gloire de leur pays, pourront-ils lire ces choses sans s'affectionner à lui ? »

Tel est le souvenir que l'on garde de Richelieu, et c'est ainsi qu'il va devenir par son exemple et par ses maximes, pour les gouvernants comme pour les gouvernés, le type supérieur de l'homme d'État selon l'esprit de l'ancienne France. Sa pensée se répandit si largement, qu'après un siècle et demi nous la retrouverons dans l'esprit des hommes

(1) 24 décembre 1636, lettre LXXIV.

que le hasard des révolutions appellera en 1794 au gouvernement de la France, sans qu'ils y eussent été préparés par une autre éducation que celle de tous les français éclairés de leur temps. Ils n'auront ni sa science des affaires, ni son tact des hommes, ni la fermeté de son bon sens, ni la fermeté de son caractère, ni la pénétration extraordinaire de ses vues, ni surtout la mesure merveilleuse de ce génie, dont on ne sait si l'on doit le plus admirer la modération ou la force; ils seront des imitateurs imprudents et des disciples déréglés ; ils n'auront reçu de lui que des maximes générales qu'ils forceront jusqu'à les dénaturer en un système d'abstractions sophistiques; ils n'en exciperont pas moins de ses exemples, ils n'en revendiqueront pas moins l'honneur de sa descendance, et pour y mêler un sang plus âpre et plus violent, ils n'en seront pas moins, au fond, de sa lignée.

Mazarin continua et compléta son œuvre; grâce à lui, la France recueillit l'héritage de Richelieu. La tradition était si forte que ce fut sur sa politique extérieure que Mazarin s'appuya pour soutenir son gouvernement au dedans (1). La doctrine était si bien arrêtée que des polémiques elle passa dans les documents d'État. On lit dans l'article IV du traité de 1659 : « Les monts Pyrénées qui avoient anciennement divisé les Gaules des Espagnes, seront aussi dorénavant la division des deux royaumes. » Mazarin opéra de précieuses réunions, il en méditait de plus étendues. En 1646, il tâcha par un traité de faire céder à la France Nice et la Savoie (2). L'acquisition de la Belgique était peut-être de tous ses desseins celui qu'il avait le plus à cœur. « L'on auroit, écrivait-il à d'Avaux (3), étendu les frontières jusques à la Hol-

____

(1) Voir Chéruel, *Histoire de France pendant la minorité de Louis XIV*, II, p. 380, 485, etc.

(2) *Id.*, II, p. 176.

(3) 20 janvier 1646, *id.*, p. 270.

lande, et, du côté de l'Allemagne qui est celui d'où l'on peut beaucoup craindre, jusques au Rhin, par la rétention de la Lorraine et de l'Alsace et par la possession du Luxembourg et de la Comté de Bourgogne (Franche-Comté). En second lieu, ce seroit sortir avec tant de fruit et de réputation de la présente guerre que les plus malins seroient bien en peine d'y trouver à redire ; tant de sang répandu et de trésors consommés ne pourroient être tenus par les plus critiques que fort bien employés quand on verroit annexés à cette couronne tout l'ancien royaume d'Austrasie... »

La paix conclue en 1659 demeura loin de ces magnifiques espérances. Les critiques y trouvèrent fort à reprendre, et leur malice perça par des pointes acérées. Ils reprochèrent à Mazarin sa prudence et sa timidité. On connaît ce chef-d'œuvre d'ironie, la lettre de Saint-Évremond au marquis de Créqui sur la paix des Pyrénées : « Quelle différence, monsieur, d'une sagesse si profonde au déréglement du cardinal de Richelieu !... » Il semble qu'il n'y eût rien à ajouter à ce trait sanglant. On voit combien était puissante dans les esprits la tradition du premier cardinal : dans l'éloge comme dans le blâme, que l'on voulût par une comparaison péremptoire élever les contemporains ou les rabaisser, on n'imaginait rien au-dessus de son exemple.

Louis XIV cependant prétendit le dépasser. Ses guerres ont été justement appelées par les contemporains, guerres de limites ! « Tant qu'il restera un pouce de terre à gagner, écrivait Bayle à propos de l'héritage de Bourgogne, ce sera un levain et un ferment infaillible de nouvelles guerres. » Louis XIV y travailla sans relâche. On ne se contentait pas d'alléguer l'intérêt de la nation, on se fortifiait de ses sentiments, et si, dans les affaires intérieures on montrait peu de goût à en tenir compte, on ne laissait pas de s'en faire une arme contre les étrangers. C'est ainsi qu'en 1644, la régente refusant de restituer toute la Lorraine à Charles IV, disait « qu'elle ne le pouvait pas dans l'intérêt de sa réputa tion, et de peur de donner aux Français occasion de la blâmer (1). » C'est de même qu'en 1685 le roi envoyant à Vienne le comte de la Vauguyon, le charge de déclarer à cette cour « qu'il n'y a personne en France qui ne considère la Lorraine comme un membre si inséparablement uni et attaché au corps du royaume qu'on ne poùvoit en proposer dorénavant le moindre détachement sans s'attirer l'indignation de tout ce qu'il y a de bon français (2). »

La politique extérieure de Louis XIV trouve un auxiliaire très-actif dans les parlements. Ses prétextes et ses moyens de négociations sont tout juridiques. La guerre de dévolution fut un procè; soutenu les armes à la main (3). Pour établir son droit à une partie des Pays-Bas, Louis XIV invoqua une coutume locale; il la détourna, dit M. Mignet (4), de son application civile pour la transporter dans l'ordre politique et lui faire régir la transmission des couronnes ou tout au moins des provinces. Il appliqua le même procédé au règlement des litiges de frontières et à l'établissement de la souveraineté exclusive de l'État dans les territoires litigieux. « Le signe de la royauté, c'est la juridiction. Louis XIV veut que les puissances reconnaissent les décisions de ses parlements. Il invoque le droit civil contre le droit féodal. Les décisions du droit étaient soutenues par la force (5). » Les parlements rendent des arrêts, Louvois les exécute. Les chambres de réunion donnent le dernier mot des cas royaux. C'est Louvois qui en eut l'idée. « J'ai fort entretenu l'intendant de

---

(1) D'Haussonville, II, p. 212.
(2) Instruction du comte de la Vauguyon, aff. étrangères.
(3) Camille Rousset, *Histoire de Louvois*, I, ch. II.
(4) Introduction à l'histoire de la succession d'Espagne.
(5) Michelet, *Précis de l'histoire moderne*, ch. XIX.

tout ce qu'il y auroit à faire pour étendre la domination de Sa Majesté autant qu'elle doit l'être, suivant le véritable sens du traité de Munster, » écrivait-il au roi en 1679. Les légistes se mirent à l'œuvre, ils dépouillèrent les dossiers, les Parlements décrétèrent, et les intéressés eurent à choisir entre la soumission et la confiscation (1). Louis XIV malheureusement ne se contenta point de ces belles et pratiques « guerres communes. » Il eut aussi son grand dessein et sa guerre de magnificence. Ce fut même sa pensée dominante. « La succession d'Espagne, » dit l'historien de ces grandes négociations (2), « fut le pivot sur lequel tourna presque tout le règne de Louis XIV. Elle occupa sa politique extérieure et ses armées pendant plus de cinquante ans : elle fit la grandeur de ses commencements et les misères de sa fin. » Elle faillit compromettre l'œuvre de Richelieu.

Louis XIV excéda. Il rendit la France odieuse à ses voisins et suspecte à toute l'Europe. Il fallut à ceux qui lui succédèrent beaucoup de prudence et de modération pour atténuer les sentiments de crainte et de jalousie qu'avait inspirés ce long règne de conquêtes et de guerres. Les politiques se demandèrent dès lors et très-sérieusement si l'État de l'Europe permettait de concevoir et de soutenir désormais de vastes desseins d'ambition, si la France pouvait s'étendre sans provoquer les coalitions ou sans être, pour les éviter, réduite à partager avec ses rivaux, sans détruire par suite les petits États, ses alliés, et fortifier les grands États, ses adversaires. Une frontière incertaine mais bordée d'États faibles et pacifiques, clients ou alliés de la France, ne valait-elle pas mieux qu'une frontière mieux dessinée, mais au delà de laquelle on rencontrerait des monarchies puissantes toujours prêtes à entreprendre

(1) C. Rousset, *id.*, t. III, ch. i.
(2) Mignet, *Succession d'Espagne.*

contre le royaume. Après la rude expérience des guerres de limites, les sages furent ramenés à la maxime d'Étienne Pasquier : « Pour bien borner ton royaume, il faut premièrement que tu mettes bornes convenables à ton esperance et desir. » Turenne et Vauban conseillaient au roi de ne prendre par la guerre que ce qu'il pouvait garder par la paix. « Si nous voulons longtemps durer contre tant d'ennemis, il faut songer à nous resserrer, » écrivait Vauban en 1676. En 1694 (1), il propose de restituer tout ce qui avait été conquis au-delà du Rhin et en Italie (2). Il posait en principe que « si tout ce qui est au deçà du Rhin convient à la France, rien de ce qui est en delà ne l'accommode... » Il ne se prononçait point sur l'étendue des conquêtes à faire sur la rive gauche. C'était un problème de politique : le temps et l'occasion devaient le résoudre ; mais s'il désignait nettement les conquêtes imprudentes, s'il laissait à dessein dans le vague les conquêtes possibles, il précisait avec une force extrême les conquêtes nécessaires. De ce nombre étaient Strasbourg, Luxembourg, Mons, la ligne d'Ypres à Courtrai. Restituer ces places : « ce serait fournir aux ennemis le couteau qui nous couperait la gorge. » « Strasbourg ne se doit pas plus restituer que le faubourg Saint-Germain (3). »

Vauban ne recherchait que la solide formation et la bonne défense de l'État. C'était là, selon lui, le vrai dessein politique et la vraie limite des espérances. Au siècle suivant, les espérances se resserrent davantage. C'est que la constitution de l'Europe rend les accroissements plus difficiles et que l'état intérieur de la France ne lui permet plus les grands risques et les entreprises dangereuses. C'est la conclusion attristée à

(1) C. Rousset, *id.*, t. II, chap. ix.

(2) « Places dont le roi pourrait se défaire. » *Oisivetés*, de M. de Vauban.

(3) *Id., id.*

laquelle aboutit d'Argenson. Avant d'entrer au ministère, il conservait l'espoir de remplir « notre beau dessein, de n'avoir au nord et au nord-est que le Rhin pour barrière. » Après deux ans d'expérience, il écrit : « Ce n'est plus le temps des conquêtes. La France... a de quoi se contenter de sa grandeur et de son arrondissement. Il est temps enfin de commencer de gouverner, après s'être tant occupé d'acquérir de quoi gouverner (1). » Montesquieu conclut de même, mais voyant de plus haut et plus loin les choses, il ne s'en attriste point. Il y a un rapport nécessaire entre la grandeur des États et leur constitution ; la nature a marqué leurs limites non par les fleuves et les montagnes, mais par le caractère de leurs habitants et le genre de leurs intérêts. La France est dans cette heureuse situation que son étendue est proportionnée à sa puissance et au caractère tempéré de son gouvernement. Un grand empire est toujours difficile à défendre ; il ne se peut soutenir que par le despotisme. « Comme les monarques doivent avoir de la sagesse pour augmenter leur puissance, ils ne doivent pas avoir moins de prudence afin de la borner. En faisant cesser les inconvénients de la petitesse, ils faut qu'ils aient toujours l'œil sur les inconvénients de la grandeur (2). »

Les desseins deviennent plus modestes ; mais la ligne politique ne dévie pas. On ne peut plus guère acquérir que par voie d'échange, mais c'est toujours du même côté que la France cherche ses compensations. C'est ainsi qu'elle réunit la Lorraine, et qu'elle songe toujours à réunir en tout ou en partie les Pays-Bas. La Belgique qui aurait dû être la compensation de la France lorsque la Prusse son alliée, conquérait la Silésie, devait être sa récompense lorsque, changeant de politique, elle se proposait de rendre cette

(1) *Mémoires, id.*, Rathery.
(2) *Esprit des lois*, livre IX, chap. VIII.

province à l'Autriche. C'était l'objet principal de Bernis lorsqu'il concluait les traités de 1756 et de 1757 (1), c'était aussi l'objet de ceux qui critiquaient sa conduite et prônaient la combinaison opposée (2). L'occupation et la conquête de la Belgique et du Luxembourg étaient le fond commun des plans que proposaient les partisans et les adversaires de l'alliance autrichienne.

La tradition se soutenait donc, malgré la politique chancelante du gouvernement et les difficultés qui l'entravaient au dedans et au dehors.

L'histoire la propageait dans la nation. Les considérations qui retenaient les politiques, n'arrêtaient point les érudits. Les hommes d'État étaient contraints de transiger avec les faits, les savants se chargeaient de conserver les titres et d'interrompre la prescription. Dom Martin Bouquet publiait en 1738 les premiers volumes du *Recueil des historiens des Gaules et de la France*, il rappelait dans sa préface que « notre Gaule, qui est la Gaule proprement dite,…. était contenue entre l'Océan, la Méditerranée et les Alpes, et s'étendait depuis les monts Pyrénées jusques au bord du Rhin. » Droits et prétentions, traditions et traités, tous les titres et toutes les pièces de la procédure furent rassemblés vers le même temps dans un ouvrage qui devient le bréviaire des historiens de la France et l'archive de ses diplomates : la *Bibliothèque historique* du P. Lelong (3). L'auteur ouvrait aux hommes d'État et aux juristes de la politique l'arsenal des conseillers des anciens rois. Il y a un article consacré aux droits de la couronne de France sur les États voisins ; il ne mentionne pas moins de 360 ouvrages imprimés ou manuscrits. Traitant en son livre IV de l'*Histoire civile de la France*, Lelong y comprend « les pro-

(1) Voir Masson, *Mémoires de Bernis*.
(2) Favier, *Doutes et questions sur le traité de 1786*.
(3) Paris, 1719.

vinces qni en dépendoient autrefois selon l'étendue de l'ancienne Gaule. » Elles peuvent, continue-t-il, être partagées en trois sortes : « Les unes composent les douze gouvernements généraux..... les autres qui dépendoient autrefois de la France, lui ont été réunies par les derniers rois après en avoir été séparées ; enfin, il y en a qui ne font point actuellement partie du royaume. » De 1727 à 1751 le P. Bougeant raconte les négociations du XVIIᵉ siècle, il publie son histoire des *Traités de Westphalie* et révèle dans toute leur étendue les desseins des deux cardinaux pour la grandeur de la France. En 1764, Foncemagne édite le *Testament politique* de Richelieu dont on n'avait auparavant que des fragments incertains et incomplets. Les maximes du grand ministre se répandent partout. On les discute avec passion. Voltaire enfin, par son *Essai sur les mœurs* et son *Siècle de Louis XIV*, projette sur toute cette histoire de revendications et de conquêtes l'étincelante lumière de son esprit. La tradition rayonne partout. Elle ne s'était jamais effacée dans l'esprit populaire. Voici à ce propos un mot bien précieux de d'Agenson. En 1748, il parut un mémoire séditieux. On blâmait la France de ne s'être point annexé la Belgique. « Impossible, écrit d'Argenson, de garder cette belle conquête à la barbe de toute l'Europe déjà trop jalouse de la maison de France : c'est la populace qui forme de tels vœux non réfléchis (1). » La tradition demeurait si constante et si vivante que les étrangers mêmes en faisaient soit pour combattre la politique française, soit pour s'y associer une sorte de maxime d'État. On lit dans un mémoire rédigé par Frédéric II, en 1738 (2) : « Du côté de l'Orient, la France n'a d'autres limites que celles de sa modération et de sa justice. L'Alsace et la Lorraine, démembrées de l'em-

---

(1) Zévort, *Le marquis d'Argenson*, p. 409.
(2) *Considérations sur l'état présent du corps politique de l'Europe.*

pire, ont reculé les bornes de sa domination. Il serait à souhaiter que le Rhin pût continuer à faire la lisière de leur monarchie..... Pour cet effet, il se trouve un petit duché du Luxembourg à envahir, un petit électorat de Trèves à acquérir par quelque traité, un duché de Liége par droit de bienséance; les places de la barrière, la Flandre et quelques bagatelles semblables devroient être nécessairement comprises dans cette réunion, et il ne faudroit à la France que le ministère de quelque homme modéré et doux qui, prêtant son caractère à la politique de sa cour, conduise, à l'abri de dehors respectables, ses desseins à une heureuse issue. » Frédéric ne doute pas que ce projet ne soit et ne doive être celui de tout bon politique francais, sauf à la Prusse de s'y opposer ou d'en profiter selon les circonstances. En 1760, un célèbre publiciste allemand, Bielfeld (1), traitant du système des États et en particulier des bornes qu'il convient de poser à leur agrandissement, ajoute, comme exemple : « Si le système politique de la France se réduit à mettre les mers, les Alpes, les Pyrénées et le Rhin pour frontière à ses États, et à rendre sa puissance intrinsèque formidable par l'agriculture, le commerce et la navigation, c'est assurément un plan dicté par la sagesse. »

Il n'est point jusqu'aux expéditions lointaines, aux guerres de magnificence, comme les appelait le héraut d'armes du xve siècle, dont la tradition ne se retrouve encore en Europe et en France à travers les grandes agitations du xviie siècle et les incertitudes du xviiie. Leibniz, qui eut aussi son rêve et son utopie de paix perpétuelle et de république chrétienne, suggérait à Louis XIV l'idée de renoncer à conquérir en Allemagne, pour aller combattre le Turc : il indiquait l'Egypte comme la récompense des Français. On assure que Choiseul y pensait et que la prise

____

(1) *Institutions politiques,* t. II, p. 89.

de la Corse n'était qu'une étape de l'expédition. Lorsqu'en 1782 Joseph et Catherine de Russie préparaient leur vaste plan de partage de la Turquie, c'était aussi à ce pays qu'ils songeaient pour y gagner la France. « Je croirois, écrivait l'empereur (1), je croirois, néanmoins sans en avoir la certitude, qu'il y auroit moyen d'engager la cour de France, en lui accordant des convenances sur ces possessions actuelles de la Porte, dont l'Égypte surtout feroit l'objet principal. » Six ans après, en 1788, un écrit de Volney mit le public au courant de ces projets (2). Il révéla que le conseil du roi en avait délibéré, que l'on s'était demandé si, ne pouvant empêcher le démembrement de l'empire turc, il ne convenait pas d'y prendre part, que les uns avaient indiqué la Morée et Candie, d'autres Chypre, d'autres enfin l'Égypte: « Un seul objet, disaient-ils, peut indemniser la France, un seul objet est digne de son ambition, la possession de l'Egypte... Par l'Egypte nous toucherons à l'Inde, nous rétablirons l'ancienne circulation par Suez et nous ferons déserter la route du cap de Bonne-Espérance. »

Entretenue par les études classiques, renouvelée par les historiens, propagée par les littérateurs, enseignée dans les écoles de guerre, conservée dans les archives des parlements, la tradition se soutint ainsi et se transmit aux deux classes d'hommes qui exercèrent une action dominante sur la politique extérieure de la Révolution française, les légistes et les militaires. Elle leur parvenait singulièrement éclaircie et dégagée par l'esprit d'analyse qui était le propre du temps. C'étaient des données très-simples. Il ne s'y mêlait aucun appoint de spéculation. Entre le système de Vauban et de Montesquieu, et le brillant dessein de con-

(1) A Catherine II, 13 novembre 1782. — Arneth, *Joseph II, und Catharina von Russland.*

(2) *Considérations sur la guerre des Turcs,* Paris, 1788.

quête qui était depuis tant de siècles le rêve national, il n'y avait plus que des différences de mesure et d'opportunité. Les uns comme les autres n'alléguaient que des motifs réels et n'invoquaient que des considérations pratiques. Les nécessités de l'attaque et de la défense pour les militaires, les nécessités du gouvernement intérieur pour les politiques, les nécessités de la paix européenne pour les diplomates, formaient le fond de la discussion, aussi bien pour ceux qui voulaient s'étendre que pour ceux qui conseillaient de s'arrêter. Tous convenaient qu'il y avait des termes extrêmes : la Savoie et Nice d'un côté, le Rhin et la Meuse de l'autre. L'acquisition de la rive gauche du Rhin n'était pour aucun d'eux l'objet direct et défini d'un dessein politique ; c'était l'objet idéal, la proposition d'avenir, le dernier terme de la série. Si l'on continuait de poser ce terme, c'est qu'il en faut un à toute chose et que celui-là semblait marqué par la géographie, par l'histoire et par la politique. La plus simple réflexion montrait que s'il était peut-être périlleux de s'avancer jusqu'à ce point, en allant au-delà, la France excéderait certainement la mesure de puissance qui comportait la balance des forces en Europe, l'étendue d'État que la France pouvait gouverner, défendre et conserver.

Plusieurs croyaient l'entreprise dangereuse ou mauvaise, Mirabeau, par exemple, Favier, Volney, et parmi les hommes d'État, Vergennes et Barthélemy. « La France, disait Vergennes (1), constituée comme elle l'est, doit craindre les agrandissements bien plus que les ambitionner. Plus d'étendue serait un poids placé aux extrémités qui affaibliroit le centre : elle a en elle-même tout ce qui constitue la puissance réelle... Placée au centre de l'Europe, elle a droit d'influer sur toutes les grandes affaires. Son roi, semblable à un juge suprême, peut considérer son trône comme un

(1) *Mémoire à Louis XVI*, 1777.

tribunal institué par la Providence pour faire respecter les droits et les propriétés des souverains. Si en même temps que V. M. s'occupe avec assiduité de rétablir l'ordre intérieur de ses affaires domestiques, elle dirige la politique à établir l'opinion que ni la soif d'envahir, ni la moindre vue d'ambition n'effleurent son âme, et qu'elle ne veut que l'ordre et la justice, son exemple fera plus que ses armes. La justice et la paix régneront partout, et l'Europe entière applaudira avec reconnaissance à ce bienfait qu'elle reconnaîtra tenir de la sagesse, de la vertu et de la magnanimité de V. M. » Renonçant pour elle-même aux conquêtes, la France avait le droit d'exiger que les autres y renonçassent, et le désintéressement même de sa politique lui assurait le plus solide des systèmes d'alliances. Groupant autour d'elle et protégeant les États faibles, contenant les forts, elle demeurait au premier rang : la prudence lui conseillait de maintenir un équilibre qui, quelque large que fût la part qui lui serait faite, ne pouvait être modifié qu'à son détriment. C'étaient les conseils de l'expérience et de l'intérêt bien entendu. Les grands principes de droit public qui dominent alors dans les esprits conduisent à la même conclusion. Un élément nouveau s'impose aux calculs des politiques. Il y a un droit moral qui prime les droits écrits : c'est le droit des peuples à disposer de leur sort. « Les trocs d'États, écrit Mirabeau, dans son livre de la *Monarchie prussienne*, ne sont pas moins iniques que les arrondissements. C'est un acte de violence et de tyrannie que d'exécuter de tels échanges sans consulter les habitants. » Telles sont les idées à la veille de 1789. De là une crise profonde et une évolution nouvelle dans la tradition nationale.

Constante dans son objet, elle s'est perpétuée à travers les générations. Chacun l'a traduite dans son langage propre, et lui a donné la forme particulière à son esprit.

Elle a emprunté aux idées courantes ses prétextes de droit, comme elle a emprunté aux circonstances présentes les occasions dont elle a profité. Elle s'est pliée avec une merveilleuse souplesse aux théories les plus opposées, elle s'est insinuée dans les systèmes politiques les plus différents. C'est ainsi qu'elle persiste en se transformant à travers la Révolution française.

Orléans. — Imp. Ernest Colas